INDEX

Arabie Saoudite

En 1969, le roi Baudouin crut bien faire en confiant à l'Arabie saoudite, les clés du pavillon oriental du parc du Cinquantenaire, à Bruxelles. Celle-ci y installa à grands frais le Centre islamique et culturel de Belgique (CICB), qui devint aussi le siège européen de la Ligue islamique mondiale, une ONG panislamique et prosélyte contrôlée par les Saoudiens. Le conseil d'administration de CICB est composé de tous les ambassadeurs des pays musulmans, mais il est présidé de droit par l'ambassadeur d'Arabie saoudite. A l'époque, l'Etat belge voulait faciliter les contrats pétroliers et faire honneur à un pays dont le roi, Fayçal, avait été généreux envers les victimes de l'incendie de l'Innovation (1967). Avec le recul historique, il apparaît que le CICB a joué un rôle-clé dans la diffusion du salafisme en Belgique.

Tout au long des années 1980, l'influence du CICB se révéla contre-productive pour l'intégration des immigrés musulmans, au point qu'en 1990, les autorités belges lui retirèrent son statut d'interlocuteur officiel, ainsi que son rôle dans la sélection des professeurs de religion islamique.

L'Arabie saoudite revendique le droit de convertir et de répandre partout dans le monde sa vision de l'islam, qu'elle considère comme la seule authentique. Le wahhabisme repose sur six principes intangibles : monothéisme absolu (tawhid), interdiction des innovations impies (bid'a), loyauté à l'égard de l'"islam pur" et dissociation avec tout ce qui n'est pas musulman ou musulman conforme, comme les soufis ou les chiites (Al wala wa l bara), excommunication des mécréants et des musulmans déviants (takfir), combat armé (djihad). Depuis 1979, a calculé l'historien britannique Charles Allen, les autorités saoudiennes ont consacré plus de 70 milliards de dollars à la diffusion de leurs idées.

Premier bénéficiaire de dons saoudiens, en Belgique : le Jardin des Jeunes, créé à Bruxelles en 1997. On y donne des cours d'arabe et de religion. Plusieurs libraires islamiques en dépendent. Le centre al Imam al Bokhari (1998) coordonne les courants pro-saoudiens en Belgique. Dirigé par des wahhabites d'origine turque, l'ASBL Centre d'éducation et culturel de la Jeunesse (1998), mieux connu sous le nom d'Al Maarifa (Saint-Josse-ten-Noode), possède sa propre imprimerie, Dar el Hadith. A la même adresse, se trouve la Faculté des sciences islamiques de Bruxelles, qui donne des cours d'arabe et propose un cursus théologique de cinq ans, non reconnu par la Communauté française.

Sous l'égide du CICB, une alliance originale s'est nouée entre des conférenciers salafistes très populaires (Mustafa Kastit, Rachid Haddach), et des Frères musulmans plus "politiques" et qui n'affichent pas les caractéristiques vestimentaires des salafistes.

C'est notamment grâce à des prédicateurs comme Haddach que le salafisme s'est développé récemment à Bruxelles. Les chercheurs, les services de police et de renseignement du pays ont vu, année après année, à quel point les musulmans, surtout des jeunes, étaient attirés par le « minha salafi ». En français, cela veut dire littéralement « le chemin du guide pieux ». Le salafisme est un courant interne de l'islam qui plaide pour une pratique religieuse datant de l'époque du prophète Mohammed et de ses disciples, et des deux générations qui ont suivi. D'après les salafistes, ils sont les seuls à avoir connu la vraie vérité.

Les salafistes en viennent ainsi à interpréter le Coran à la lettre, sans tenir compte de l'évolution depuis l'époque du prophète. Par exemple, si le Coran dit qu'une femme doit voyager avec un homme de confiance, c'est bien entendu parce que c'était la manière la plus sûre de voyager au VIIe siècle.

La polygamie est un autre exemple : l'islam autorisait les hommes à avoir jusqu'à quatre épouses. Ce n'était bien sûr pas pour leur plaisir, mais pour la protection des veuves à une époque où les hommes étaient une denrée rare à cause des nombreuses batailles, et où les épouses risquaient de se retrouver seules et sans protection. Alors que la plupart des musulmans considèrent la polygamie comme dépassée, les salafistes, eux, montrent encore très indulgents envers les polygames.

La majeure partie des salafistes ne veut rien avoir à faire avec le terrorisme et n'aspire qu'à vivre selon les prescriptions du Coran. Il y a des salafistes modérés qui défendent aussi le jihad. Nous voyons à Bruxelles des prédicateurs qui disent aux jeunes : vous êtes musulmans, mais pendant que vous buvez et que vous courez derrière les filles, vos coreligionnaires se font tuer en Afghanistan. Ils n'incitent pas à commettre des attentats en Occident, mais ils encouragent tout de même les musulmans à partir là-bas.

Il faut comparer cela avec le catholicisme, il n'y a pas si longtemps : les femmes restent au foyer, les hommes vont travailler, et le dimanche, tout le monde va à la messe. Mais dans d'autres discussions, qui se passent souvent dans des cercles fermés, les jeunes entendent autre chose. On leur conseille d'éviter les occidentaux, et même de les haïr. Une image 'nous contre eux' est en train de prendre forme. Ce sont souvent d'autres musulmans qui en sont les premières victimes. Certains grandissent dans un environnement où ils s'entendent reprocher à longueur de journée de ne pas porter le voile ou de ne pas prier cinq fois par jour. Où on reproche aux magasins de nuit de vendre de l'alcool. Où les femmes refusent de se faire soigner par des médecins de sexe masculin. Une société parallèle finit par émerger, où les salafistes s'isolent de plus en plus de la société occidentale.

Le salafisme apporte des réponses toutes faites dans toutes les facettes de la vie. Comment manger halal, comment s'habiller (tant pour les hommes que les femmes), qui fréquenter (jamais de mixité), à qui et comment il faut dire bonjour (les hommes et les femmes se serrent la main), comment et avec qui se marier, et comment éduquer les enfants. L'ensemble forme un cadre de référence que chacun peut s'approprier sans devoir beaucoup réfléchir.

Lorsque les arbres cachent la forêt, on peut aussi essayer de retrouver son chemin et de se ressourcer dans un des nombreux livres sur le salafisme, qui sont en vente dans les librairies de Bruxelles.

Le salafisme est arrivé en Belgique dans les années quatre-vingt - dix. Ce sont les Saoudiens qui – jamais à court d'argent ou de ressources pour l'envoi d'un imam à l'étranger – ont trouvé en Belgique un terrain fertile à la propagation du wahabisme, la religion d'Etat de l'Arabie saoudite. Le wahabisme est une forme de salafisme.

Les Saoudiens ont construit plusieurs mosquées, ont envoyé des membres de leur clergé et beaucoup d'argent pour propager les messages salafistes, La Grande mosquée, entre autres, leur appartient. Et ce sont eux qui forment presque tous les imams à Bruxelles.

Ils s'adressent à des jeunes, des gamins de rue, des drogués à qui ils font la morale. Ces jeunes se sentent attirés, non pas par les messages radicaux, mais parce que le salafisme est un facteur identitaire. Dès qu'ils sont sur le sentier du salafisme, ils ne doivent plus douter de qui ils sont : Belges, Marocains ou quelque chose entre les deux. Non, ils deviennent tout simplement des musulmans convaincus. »

A cause des restrictions de leur religion, les salafistes bruxellois restent souvent aux niveaux les plus bas de la société. Les jeunes salafistes ont beaucoup de difficulté à s'intégrer dans la société. Ils ne trouvent aucun travail parce que les femmes ne sont pas autorisées à travailler voilées, et parce qu'ils ne peuvent pas s'arrêter de travailler pour prier. Qu'est-ce qu'il leur reste comme possibilité ? Devenir chauffeur de taxi ou épicier, ou encore ouvrir une librairie musulmane.

Molenbeek- Brussels

Molenbeek. C'est déjà là, dans ce dédale de ruelles grises, qu'avait logé en son temps Mehdi Nemmouche, le tueur du musée juif de Bruxelles. Là aussi que l'islamisme radical belge a établi, dès les années 90, une importante base arrière. Il est désormais établi que certains des terroristes qui ont frappé Paris sont issus de cette commune.

Molenbeek. Aux balcons des fenêtres, du linge étendu, sèche dans la douceur d'automne, seul signe de vie, perdu, au milieu des façades grises, anonymes. Derrière l'une d'entre elles, dans une «chambre» sans «charme ni confort» a discrètement logé, au printemps 2014, un jeune français de 29 ans, accusé d'être l'auteur de la tuerie du musée juif de Bruxelles qui a couté la vie à quatre personnes, le 24 mai 2014. De Molenbeek, Mehdi Nemmouche n'a eu à parcourir que quelques kilomètres pour se rendre au Musée juif.

A peine plus d'une heure de route le sépare également de Tourcoing, dans le Nord de la France, où il a grandi. Ce n'est pourtant qu'à son retour de Syrie que le jeune homme échoue à Bruxelles. D'autres avant lui ont emprunté le même chemin. Comme cette quinzaine de jeunes, originaires de Molenbeek, partis combattre, début 2013, en Syrie. Les registres communaux ne comptent qu'une dizaine de radiations effectives ou en cours. «*La rumeur bruxelloise*» elle, est plus «loquace», confie l'humanitaire belge Bahar Kimyongür. «*Il suffit de tendre l'oreille de temps en temps et de suivre certaines conversations pour se rendre compte que la Syrie est devenue omniprésente.* »

Rien qu'à Bruxelles, 54 jeunes auraient en effet pris le départ pour Alep, Idlib ou encore Raqqa. Quarante-six jeunes pour la ville Anvers. A elles deux, les deux communes représentent presque un tiers des départs officiellement recensés par les autorités. Près de 350 au total. Six fois plus de départs qu'en France, en proportion, si l'on ramène leur nombre à la population totale. A Molenbeek, souvent dépeint comme un «hameau djihadiste», la question agite depuis longtemps ses habitants.

Si les exemples de jeunes ayant succomber à l'appel du djihad se succèdent, la mère d'un jeune molenbeekois parti lui aussi récemment en Syrie ne semble se reconnaître dans aucun d'entre eux. Ses yeux brillent à l'évocation de son fils. «

On culpabilise, on se demande qu'est-ce qu'on a manqué ? » s'interroge-t-elle avant de revenir sur une poignée de souvenirs. « Tout est allé si vite… Il s'est laissé pousser la barbe…Puis il a enlevé tous les bibelots de la maison, a décroché les tableaux…Et un jour il est parti…». «On a perdu le sommeil» conclut une autre mère, qui retarde l'heure du coucher comme pour différer celle du réveil.

Aucune d'entre elles ne souhaite dévoiler son identité pour nous parler car de «là-bas, ils (leur fils, ndlr), voient tout» et les accusent : « C'est de votre faute si on va en prison, vous qui parlez» leur font-ils savoir. Mais pour les mères, contraintes de prendre un nom d'emprunt pour s'exprimer en public, « c'est un problème de ne pas pouvoir parler». Restées en contact régulier avec leurs enfants, auxquels elles demandent «une petite bulle (comprendre : un message; ndlr) par jour», leurs cœurs s'accélèrent depuis la multiplication des frappes de la coalition emmenée par les Etats-Unis.

Accoutumés à la réputation sulfureuse qui leur colle à la peau, les riverains ont toutefois été surpris, à la fin mars, d'apprendre le jeune âge de Younes, emmené par son grand frère Abdelhawid, 27 ans, en Syrie. Il n'a en effet que 13 ans à l'époque mais s'affiche déjà, sur les photos, une kalachnikov presque aussi grande que lui à la main.

Molenbeek avait déjà connu de violents affrontements deux ans plus tôt suite au contrôle d'une jeune convertie, Stéphanie, ayant refusé d'ôter son voile intégral, également interdit en Belgique. *«Prise de panique je pensais que j'allais mourir là»* déclarait-t-elle lors d'une improbable conférence de presse organisée par le leader de Sharia4Belgium, Fouad Belkacem, 32 ans. Stéphanie ne serait autre que l'épouse de l'un des membres de ce groupuscule qui militait, avant d'être dissous, pour l'instauration d'un califat en Belgique. En représailles du contrôle de police, Fouad Belkacem aurait lui même demandé à ses recrues d'attaquer le commissariat de Molenbeek.

Rachid Haddach

A la Sûreté d'Etat belge, les «départs sur zone», en Syrie, sont pourtant minutieusement scrutés. Mais des voix s'élèvent, ici ou là, pour critiquer les autorités. D'autant qu'un islam rigoriste, d'inspiration wahabite, très prisée en Arabie saoudite, s'est installé dans le pays et est abondamment relayé depuis plusieurs décennies via, entre autres, le Centre islamique et culturel de Bruxelles, le CICB, placé depuis toujours sous la coupe des Saoudiens.

Les «six principes intangibles» du wahabbisme y sont-ils véhiculés? Ainsi, arrivent en bonne place le «*monothéisme absolu (tawhid), l'interdiction des innovations impies (bid'a), la loyauté à l'égard de "l'islam pur" et la dissociation avec tout ce qui n'est pas musulman ou musulman conforme, comme les soufis ou les chiites*». Juste derrière cependant : «*l'excommunication des mécréants et des musulmans déviants (takfir)*» et «*le combat armé (djihad)*».

«Haram, je te dis ! Haram ! Des lignes noires sous les yeux, les sourcils épilés ou – pire encore, qu'Allah me protège – du rouge à lèvres !» La voix se tait. Quelques jeunes filles semblent en colère, d'autres ont mis leurs écouteurs sur leurs oreilles. «*Chères sœurs, tout ceci, c'est haram* », continue la voix. « *Et tant que nous sommes occupés avec l'apparence physique : vous, mes frères, portez des pantalons qui tombent par-dessus vos chevilles. C'est ce que le prophète recommande. Et laissez pousser votre barbe.*»

Rachid Haddach – la voix – toussote et continue. «*Il y en a qui font la fête jusqu'au matin. Mes frères et sœurs, ça aussi, c'est haram. Il y a des hommes et des femmes qui dansent à des fêtes de mariage, souvent pendant toute la nuit ! Ceux-là vont devoir un jour rendre des comptes.*»

Rachid Haddach est un des prédicateurs salafistes les plus populaires à Bruxelles. Il donne à la mosquée Assouna à Anderlecht, une conférence sur le thème «mes actions dans la balance », en d'autres mots : ce que vous faites ici sur terre aura un impact sur votre vie dans l'au-delà.

Son public est séparé en deux groupes : les hommes sont assis à l'avant, devant lui, sur le sol de la mosquée. Les femmes sont en haut, dans une petite salle à part au premier étage. Ils sont tous suspendus à ses lèvres.

Haddach les appelle «mes sœurs et mes frères», comme il convient de le faire dans une mosquée qui se respecte. Les «frères» sont, en ce vendredi soir, quelques centaines. Des jeunes gens costauds en costume de rue, avec des sneakers et des casquettes de base-ball. Des adolescents boutonneux avec des kufis et des tuniques longues. Des jeunes avec des longues barbes, des cheveux coupés très court et, comme le prescrit le salafisme, avec des pantalons qui recouvrent leurs chevilles.

Du côté des «sœurs», il n'y a que quelques dizaines de jeunes filles et jeunes femmes. Leurs cheveux sont recouverts d'un hijab de couleur foncée, et elles sont revêtues d'un long manteau. Ou encore, elles portent un jilbab, une robe longue et ample. D'autres encore portent une abaya, un tissu noir qui ne laisse que le visage et les mains libres.

Les femmes ne peuvent pas voir Haddach, mais seulement l'écouter via les haut-parleurs installés dans la petite pièce. Les «harams» (ce qui est interdit) et les «halals» (ce qui est autorisé) ponctuent son prêche. Porter le voile ? «*Halal !, allez-y mes sœurs. Vous ne le regretterez jamais. Les femmes qui travaillent à l'extérieur ? Uniquement si on peut travailler voilée. Sinon, haram !* « *Participer à des matches de boxe ? Haram, mes frères. Allah ne veut pas que vous détruisiez votre corps. Vous voyez à quoi ressemble Mohamed Ali ?*»

Le public ricane. Les boutades font partie du style de Rachid Haddach. Il parle à son public comme s'il était à un talk-show. « *Et toi, mon frère, as-tu pensé à ce qui t'attend dans l'au-delà?*», interroge-t-il. Et à quelqu'un d'autre : « *Restes-tu parfois seul avec une fille ? Haram ! Pense aux conséquences. Pense à son honneur.*»

Les filles chuchotent entre elles, s'échangent des messages. Une femme s'agenouille, en prières. Un peu plus loin, une autre a pris son gamin avec elle. L'enfant se promène, encore instable sur ses petites jambes, il gazouille pour attirer l'attention. L'atmosphère est amicale, presque familiale. Il ne manque que le thé à la menthe et les petits gâteaux. Mais juste au moment où l'ambiance risque de devenir trop agréable, la voix de Rachid Haddach est de retour.

«*La religion, ce n'est pas un snack-bar* », retentissent les haut-parleurs. « *Pour moi, ce sera un dürüm, avec des frites et de la mayonnaise, s'il vous plaît. Et avec des oignons frits. Finalement non. Non, des oignons, mais pas frits.* » Rires dans la petite salle. « *Non, frères et sœurs, ce n'est pas le but, continue le prédicateur. La religion, c'est quelque chose de beau, mais ce qu'on voit parfois dans la rue, c'est un micmac. Chacun fait ce qu'il veut. Il faut du sérieux. Nous ne sommes pas dans un MacDo.*»

Rachid Haddach fait partie du petit club de prédicateurs salafistes qui prêchent chaque semaine quelque part à Bruxelles. Ils ont été formés au Centre islamique et culturel (à la Grande mosquée) au parc du Cinquantenaire. Ils ont suivi des études religieuses en Arabie saoudite et peuvent réciter le Coran par cœur.

D'après sa page Facebook, il a 42 ans, il est marié, et a cinq enfants. Haddach se présente comme un «professeur» et son CV indique qu'après ses études secondaires, il a suivi une série de formations théologiques dans des mosquées en Belgique et à Riyad. Pendant ses conférences, il parle avec beaucoup d'aisance, son ton est un peu celui d'un père qui fait des remontrances à ses enfants. « *Respectez vos parents !* » (...) « *Soyez bon avec votre épouse !* » (...) « *Rendez visite aux malades et aux mourants !*» Des conseils auxquels personne ne trouve rien à redire.

Mais si on écoute bien, on peut percevoir à quel point son discours est radical. Il explique qu'au lieu d'aller à l'école maternelle, les enfants doivent rester à la maison jusqu'à l'âge de six ans. Et par là, il suggère que les femmes aussi doivent rester à la maison pour les garder, et que les enfants doivent rester le plus longtemps possible dans un environnement musulman. Sur internet, on trouve des films où il donne son avis sur la musique. « *Vous feriez mieux de lire le Coran. Si le prophète était en faveur de la musique, il en aurait profité à son époque.*»

Il donne l'exemple du rappeur américain Loon, qui s'est converti à l'islam, et qui était à Bruxelles il y a peu. « *Loon a dit que la musique vous faisait entrer dans un autre monde, avec des femmes, un monde où on pousse les gens à danser, à faire certains gestes qui ont une connotation sexuelle.* »

Détail piquant: Loon, qui s'appelle désormais Amir Junaid Muhadith, est actuellement en prison à Bruxelles pour des faits de drogue, et attend son extradition pour les Etats-Unis. Mais ça, Haddach n'en dit pas un mot.

Pour Haddach, on en revient à la même chose : rappeler les hommes et les femmes à leur devoir. Les femmes doivent se couvrir la tête, et les hommes doivent se laisser pousser la barbe. Ça aussi, c'est le prophète qui le recommande. Et non, on ne peut pas tailler sa barbe. En témoigne sa barbe impressionnante, dans laquelle il trifouille de temps en temps.

Aucune preuve ne permet à ce jour d'incriminer les responsables du Centre islamique et culturel de Bruxelles mais leurs prêches posent toutefois quelques questions. Pourquoi Abdelkader Merah, connu pour défendre des positions aussi radicales que celles de son frère, Mohamed Merah, auteur des attentats de Toulouse (Mars 2012), a-t-il assisté, selon une note des renseignements français, le 14 janvier 2007, à l'écart du centre-ville toulousain, à une conférence de Rachid Haddach, célèbre prédicateur lié au CICB de Bruxelles et débarqué la veille à l'aéroport de Carcassonne ?

Si tous les salafistes ne prônent pas le djihad, certains de leurs conseils mettent néanmoins à mal la cohésion sociale. Si on écoute bien, on peut percevoir à quel point (le discours de Rachid Haddach) est radical. «*Au lieu d'aller à l'école maternelle*», conseille-t-il par exemple "*les enfants doivent rester à la maison jusqu'à l'âge de six ans*". Rien d'illégal, l'école maternelle n'est pas obligatoire en Belgique même si elle est fréquentée par la quasi-totalité des enfants. Mais Rachid Haddach ne cesse de frôler la ligne jaune. Il le sait, il est surveillé. De près.

D'autres sont moins prudents. Anvers, par exemple, accueille une succursale unique en son genre : l'institut yéménite Dar El Hadith qui prône de curieux enseignements, notamment inspirés par Rabiem El Metkhali, adepte fervent de la lapidation.

Sharia4Belgium

L'objectif de Sharia4Belgium était la destruction de la démocratie et la mise en place d'un Etat islamique. Pour parvenir à ses fins, Sharia4Belgium se concentrait sur cinq activités:
-diffusion de l'idéologie via internet et les réseaux sociaux,
-recrutement de jeunes musulmans via des prêches de rue,
-endoctrinement de ceux-ci lors d'entraînements idéologiques et physiques
-actions violentes en Belgique
-lutte armée en Syrie

C'est également à Anvers que Sharia4Belgium avait en son temps installé son QG et ses «street dawah », des rencontres à travers lesquelles le groupe abordait, dans la rue, ses futures oies. De là, Sharia4Belgium avait établi des liens à l'international, aux Pays-Bas mais aussi au Royaume-Uni, où elle était en contact avec Anjem Choudary, le leader des Al Muhajiroun, organisation dissoute en 2011 par les lois antiterroriste votées après les attentats de Londres.

En Belgique, la plupart des jeunes partis en Syrie sont d'ailleurs flamands, originaires de Vilvorde, Malines mais surtout donc d'Anvers où le Vlaams Belang d'extrême droite a réalisé, dans les années 2000 ses meilleurs scores, avant d'être laminée par les indépendantistes du NVA de Bart de Wever, le nouveau bourgmestre (maire) d'Anvers.

Les jeunes n'ont plus besoin de la mosquée. Ils n'ont pas un comportement religieux de longue date. A ceux qui partent faire le djihad, à tous ces adolescents en perte de repères ou d'idéaux, au chômage pour certains, Bahar Kimyongür ajoute ce qu'il appelle la «majorité silencieuse», ceux qui se comptent par plusieurs dizaines et dont on ne parle jamais. «Ne sous estimons pas l'impact, la sympathie que soulève l'Etat islamique dans les rues européennes. Il y a une banalisation totale des symboles, du discours, et de ce principe insupportable qu'il faut haïr par amour de dieu ».

Ces activités étaient planifiées depuis un appartement d'Anvers qui servait de quartier général à Sharia4Belgium. Cinq sessions idéologiques ou physiques y étaient organisées chaque semaine. La participation aux réunions, qui comprenaient également des entraînements au combat, était obligatoire pour les membres sous peine de sanctions. Les jeunes y apprenaient les principes du salafisme.

Les leaders et membres de Sharia4Belgium qui ont rallié la Syrie pour y combattre ont rejoint des groupes salafistes inspirés d'Al-Qaïda tels que le front Al-Nosra et Majlis Shura. La Syrie constitue l'endroit idéal pour mettre en place un Etat islamique, selon ces organisations, tant géographiquement qu'en raison de l'instabilité politique qui y règne.

Lorsque les recrues étaient suffisamment imprégnées du discours idéologique, elles commençaient à prendre part à des actions violentes, selon le ministère public. En mars 2010, le groupuscule se fit pour la première fois remarquer en perturbant une lecture de l'auteur néerlandais Benno Barnard à l'université d'Anvers. D'autres faits suivirent, tels que des affrontements avec la police à la suite d'un prêche de rue en décembre 2011, l'incident lié au contrôle d'identité d'une femme portant le niqab à Molenbeek en mai 2012 ou encore l'action de protestation contre le film "L'innocence des musulmans", en septembre 2012 à Anvers.

A partir d'août 2012, l'ensemble des leaders et la plupart des membres du noyau dur du groupuscule - à l'exception de Fouad Belkacem - sont partis combattre en Syrie.

Majlis Shura

Le groupuscule Majlis Shura, qui ne rassemblait que quelques combattants, s'est développé au point de compter plusieurs centaines de membres à la mi-2013. Son quartier général se trouvait à Kafr Hamra, où les hommes étaient répartis entre le "palais" et la "villa". Le prévenu Houssien E., qui serait entre-temps décédé, était l'"émir" de la villa. Il devait notamment approuver l'intégration des nouveaux combattants.

Parmi les activités du groupe figuraient des entraînements religieux et physiques, des missions armées contre les militaires gouvernementaux du président al-Assad, des missions de surveillance ou de logistique, mais aussi des enlèvements et des meurtres de mécréants. Majlis Shura a intégré l'Etat islamique à la mi-2013. Des combattants étrangers ont également rejoint le front Al-Nosra, un groupe terroriste similaire.

Le procès en 2014

Fouad Belkacem est à l'origine de l'organisation en 2010 et a commencé, avec Feisal Y. (31 ans), Nabil K. (23 ans), Brahim B. (28 ans) et Hicham C. (32 ans), à recruter des jeunes en les abordant en rue via des "Street Dawah" et des prédications en rue. Les personnes recrutées par l'organisation recevaient un endoctrinement religieux et idéologique, participaient à des actions de protestation et ont également été, dans une phase ultérieure, envoyer en Syrie pour combattre.

Fouad Belkacem en était l'incontestable numéro 1, il en était le fondateur, le porte-parole, le prédicateur et la personne de contact pour les groupes étrangers similaires. Fouad Belkacem avait une fonction de leader dans chaque activité du groupe. Il en diffusait l'idéologie salafiste, recrutait les membres et s'occupait de leur endoctrinement. Les prévenus Jejoen Bontinck, Elias T. et Walid L. ont notamment raconté comment ils avaient été inspirés par sa manière de prêcher et déclaré qu'ils le considéraient comme un père spirituel.

Il était également à la base des actions violentes. Il avait ainsi mobilisé par téléphone ses jeunes recrues afin qu'elles aillent attaquer le commissariat de Molenbeek (Bruxelles) après l'incident du niqab, le 31 mai 2012. Le ministère public considère qu'il a incité à la haine et à la violence et que les départs massifs vers la Syrie en sont le résultat.

D'autres prévenus ont décrit Fouad Belkacem comme le leader incontestable du groupuscule. Celui-ci avait reconnu lors de l'enquête qu'il avait fondé Sharia4Belgium, mais a nié toute violence ou entraînement au combat. Il considère les vidéos appelant au djihad comme de la pure théologie et de la simple provocation, et dément avoir enrôlé des personnes en vue de les envoyer en Syrie.

Un prosélytisme violent, qu'il nie mais qui le conduit pourtant aujourd'hui, aux côtés de 45 autres prévenus, sur le banc des accusés. Il encourt jusqu'à 15 ans de prison pour être à la tête de cette organisation soupçonnée par ailleurs d'avoir incité et acheminé des jeunes belges en Syrie. Lors des auditions, Fouad Belkacem avait adopté un ton provocateur et injurié les enquêteurs. Bilal E.M. s'est par ailleurs présenté au tribunal, ce qui porte le total de prévenus physiquement présents à neuf.

Michaël Delefortrie, un Belge parti combattre en Syrie poursuivi au procès pour terrorisme de Sharia4Belgium devant le tribunal correctionnel d'Anvers, a déclaré durant la pause de midi qu'il ne désavouait pas son ancien leader Fouad Belkacem. Il estime que le ministère public a sorti des éléments de leur contexte. Le prévenu, âgé de 26 ans et en liberté sous conditions, a notamment fait référence aux "entraînements" de Sharia4Belgium sur lesquels s'est attardé le ministère public. "Nous avions effectivement un planning, un agenda. Mais nous ne faisions que du sport" et rien d'autre, a-t-il assuré.

L'Anversois a minimisé l'importance des vidéos appelant à la lutte armée, soulignant que nombre d'entre elles n'étaient que de la musculation verbale. "Si ces vidéos étaient illégales, pourquoi personne n'est-il intervenu? ", a-t-il demandé. "

Interrogé par les médias lors d'une interruption au procès pour terrorisme de Sharia4Belgium, à Anvers, Dimitri Bontinck s'en est pris à l'ancien leader du groupuscule. "Comme toujours, il rit. Ben Laden rigole depuis l'enfer, Belkacem depuis sa cellule", a déclaré en anglais le père du jeune Jejoen, qui est à la fois prévenu et victime dans ce dossier. Pour M. Bontinck, il est clair que Fouad Belkacem est coupable d'avoir enrôlé des jeunes gens afin de les envoyer combattre en Syrie. Il réclame l'acquittement de son fils, "qui ne serait jamais parti sans Sharia4Belgium", a-t-il insisté.

Selon Dimitri Bontinck, son fils reçoit encore régulièrement des menaces, notamment de mort. Il en tient le ministère public pour responsable. "Les témoignages de Jejoen ont été utilisés pour poursuivre d'autres personnes. A l'étranger, il aurait déjà reçu une autre identité."

M. Bontinck s'en est enfin pris au monde politique, qu'il accuse de ne pas faire le nécessaire pour empêcher que des jeunes partent combattre en Syrie. "Des mineurs pénètrent encore sur le territoire syrien en ce moment. Il faut davantage de prévention et de contrôles dans les aéroports. Les politiques doivent prendre leurs responsabilités."

De son côté, Abdel Rahman Ayachi n'a pas eu le temps d'être jugé. Il est mort, en juin 2013, en Syrie où il dirigeait les Faucons du Cham, une armée de 600 hommes. Installé avec son père à Molenbeek, depuis le début des années 90, il se cachait derrière le site internet Assabyle dont les forums permettaient d'établir une liaison directe entre les futurs combattants et leur chef spirituel, un prédicateur franco-syrien, le cheikh Bassam Ayachi... son père. Pour cela, père et fils avaient monté une petite structure familiale, le Centre islamique belge, le (CIB), à Molenbeek. Où ils ont notamment fréquenté le Tunisien Abdessatar Dahmane, auteur de l'attentat qui a tué, en 2001, en Afghanistan, le commandant Massoud. Deux jours avant les attentats du 11 septembre.

Le procès pour terrorisme à charge de l'organisation Sharia4Belgium avait lieu devant le tribunal correctionnel d'Anvers. Au total, 46 prévenus, dont Fouad Belkacem (32 ans), comparaissent comme dirigeants ou membres d'une organisation terroriste. Le procès, qui suscite une grande attention de la part des médias belges et étrangers, est accompagné de mesures de sécurité supplémentaires. L'enquête relative à l'organisation a débuté en février 2012 et a mené à 48 perquisitions le 16 avril 2013 à Anvers, Bruxelles, Boom, Vilvorde, Schaerbeek et Charleroi. Fouad Belkacem, ancien porte-parole de Sharia4Belgium, avait également été arrêté à cette date et est depuis en détention préventive.

Ces cinq prévenus ainsi qu'Elias T. (24 ans) et Houssien E. (23 ans) et neuf autres comparaissent comme leaders d'un groupe terroriste et risquent jusqu'à quinze ans de prison. Ces prévenus poursuivis pour avoir participé à des activités d'un mouvement terroriste risquent jusqu'à cinq ans de prison. Jejoen Bontinck (19 ans) fait partie de ce groupe mais est considéré comme une victime par le parquet fédéral belge. Lorsqu'il a souhaité rentrer de Syrie, le jeune homme a été retenu par une trentaine d'autres prévenus. Il a fait des aveux complets à son retour en Belgique.

D'autres noms impliqués dans ce procès sont ceux de Michaël Delefortrie (25 ans), combattant de retour de Syrie et Brian De Mulder (21 ans), qui s'y trouve toujours en Syrie. Il est poursuivi pour des menaces à l'encontre du ministre de la Défense en Affaires courantes Pieter De Crem et l'homme politique néerlandais Geert Wilders.

L'attaque contre un commissariat de police à Molenbeek-Saint-Jean le 31 mai 2012, après l'interpellation d'une jeune femme en niqab, forme également un autre volet, dans lequel doivent comparaître notamment Fouad Belkacem et Hicham C. Sur les 46 prévenus, 38 feront défaut. Il est probable que ces derniers se trouvent actuellement en Syrie ou qu'ils soient entre-temps décédés.

Ce procès fait l'objet de mesures de sécurité supplémentaires et la présence policière sera renforcée. La police recommande à toute personne dont la présence au palais de Justice et sur la Bolivarplaats n'est pas requise de rester à l'écart. "*Il s'agit du plus grand procès pour terrorisme qui ait jamais eu lieu à Anvers et peut-être même en Belgique, donc nous ne laissons rien au hasard au niveau de la sécurité*", a indiqué la porte-parole de la police, Veerle De Vries.

Jejoen Bontinck

Jejoen Bontinck est poursuivi devant le tribunal correctionnel d'Anvers pour participation à des activités d'un groupe terroriste. Il était, selon l'accusation, membre du noyau dur de Sharia4Belgium. Il était parti en février 2013 en Syrie où il était resté pendant huit mois. A son retour en Belgique, il a livré des aveux détaillés, sur ses propres actions mais aussi celles d'autres personnes. Jejoen Bontinck s'est radicalisé fin novembre 2011. Il était entré en contact avec Sharia4Belgium via le co-prévenu Azeddine K.B. Des cours lui ont été donnés par Fouad Belkacem, porte-parole de Sharia4Belgium.

Jejoen Bontinck allait régulièrement au quartier général de Sharia4Belgium à Anvers. Il est parti le 22 février 2013, à la demande d'Azeddine K.B., en Syrie où il a été accueilli par Houssein E. et Feisal Y. Il a immédiatement été conditionné sur place, recevant une formation tactique et idéologique, mais il avait déjà presque tout appris avec Fouad Belkacem, selon ses propres déclarations.

Il a été enfermé le 5 mars 2013, les "autres" se méfiant de lui car il voulait rentrer chez lui. Il était perçu alors comme un espion. Lors de sa détention, il a été battu avec notamment des câbles électriques et humilié. Il a été libéré le 22 septembre 2013 et a participé durant deux semaines à des activités du groupe de l'Etat islamique. Il portait alors une mitraillette de type Kalachnikov. Il passait ses moments libres à Alep où il est entré en contact sur Internet avec son père qui l'a aidé à quitter le pays. Après être resté six jours aux Pays-Bas, il est retourné en Belgique le 18 octobre 2013, où il a été arrêté.

Il a d'abord expliqué aux enquêteurs qu'il était parti comme volontaire mais a fait état ensuite des mauvais traitements physiques et psychologiques subis en Syrie et de sa détention avec des otages journalistes, dont James Foley, décapité ensuite par le groupe Etat Islamique. Après avoir éclairé le tribunal correctionnel d'Anvers sur l'idéologie, les objectifs et les activités de Sharia4Belgium, le ministère public a détaillé le rôle joué par chacun des 46 prévenus au sein du groupuscule poursuivi pour terrorisme.

Jejoen Bontinck lui-même avait fait des déclarations similaires lors de son audition. "*Belkacem était mon père spirituel, la manière dont il parlait était unique. Les leçons agissaient comme une seringue. J'étais complètement aspiré par l'organisation et ses idées. Je ne serais jamais parti en Syrie sans cela."*

La cellule de Verviers

Tout part d'une « cellule souche », Verviers, et de son créateur, Abdelhamid Abaaoud. Un réseau en partie détruit par la police belge, le 15 janvier 2015, qui renaîtra quelques mois plus tard pour frapper Paris en son cœur, puis Bruxelles. Une Hydre de Lerne djihadiste, dont les membres se régénèrent pour préparer l'attaque suivante. L'Etat islamique l'a froidement calculé : un kamikaze ne sert qu'une fois. Le logisticien d'un attentat est le martyre en puissance de sa réplique.

Une semaine après la tuerie du 7 janvier 2015 dans les locaux de Charlie Hebdo, la Belgique découvre, stupéfaite, qu'un projet terroriste se prépare sur son sol. Le 15 janvier à la nuit tombante, la police belge lance l'assaut contre une maison de Verviers, où conspirent trois djihadistes de retour de Syrie. Des écoutes téléphoniques ont révélé que la cellule s'apprêtait à commettre des attentats le lendemain à Bruxelles.

L'assaut est d'une rare violence. Deux suspects sont tués, un troisième arrêté. Deux jours plus tard, dans un appartement d'Athènes, la police grecque interpelle Omar Damache, un Algérien soupçonné d'avoir aidé Abdelhamid Abaaoud – futur animateur des attentats du 13 novembre – à superviser ce projet terroriste.

Dans l'appartement, les enquêteurs mettent la main sur l'ordinateur d'Abaaoud, dont certaines données semblent, déjà, préfigurer les attentats de Bruxelles. Sur le disque dur : des notes représentant des plans d'attaque dans un aéroport. Abaaoud se vantera quelques mois plus tard, dans le magazine de propagande de l'EI Dabiq, d'avoir échappé au coup de filet de Verviers. Il passera les mois suivant à mettre sur pied son nouveau projet : les attentats simultanés de Paris.

Multipliant les voyages entre la Syrie et la Grèce, ce cadre de l'EMNI – l'organe de sécurité intérieure de l'EI – va s'atteler à reconstituer une nouvelle cellule autour d'un noyau de copains de quartier, originaires comme lui de Molenbeek. A cette colonne vertébrale s'agrègent quelques Français – Salah Abdeslam, qui a aussi grandi à Molenbeek, et les trois kamikazes du Bataclan – ainsi que des combattants étrangers recrutés en Syrie.

Plusieurs membres de ce réseau ont accosté sur l'île grecque de Leros à l'automne 2015 en se mêlant au flux de migrants avec de faux passeports syriens. C'est le cas des deux kamikazes irakiens du Stade de France, et de deux suspects des attentats de Bruxelles : Sofiane Ayari, alias Mounir Ahmed Alaaj, interpellé le 18 mars, et l'homme avec qui il est arrivé en Grèce, Naim Al-Hamed, dont on ignore la véritable identité, toujours recherché.

D'autres, comme Najim Laachraoui et Mohamed Belkaid – qui ont coordonné les attaques de Paris par téléphone depuis Bruxelles – voyagent sous de fausses identités belges, ce qui ralentira considérablement leur identification. Durant les mois qui précèdent les attaques, la nouvelle équipe d'Abaaoud traverse ainsi l'Europe – certains seront contrôlés en Grèce, en Hongrie, en Autriche ou en Allemagne – sans être démasquée.

Abdelhamid Abaaoud a réussi à reconstituer un réseau de logisticiens et de candidats au martyre. Le soir du 13 novembre, sept kamikazes se font exploser à Paris. Le huitième – dont l'existence sera révélée le lendemain par un communiqué de l'EI – n'a jamais actionné sa ceinture : il s'agit vraisemblablement de Salah Abdeslam. Abdelhamid Abaaoud et Chakib Akrouh, qui ont participé au massacre des terrasses, trouveront la mort cinq jours plus tard lors d'un assaut du RAID contre un appartement de Saint-Denis.

Des dix terroristes présents à Paris la nuit du 13 novembre, neuf sont morts. Le dernier, Salah Abdeslam, est en cavale. Mais les enquêteurs découvrent rapidement qu'ils ont bénéficié de nombreuses complicités : l'Algérien Mohamed Belkaid et le Belge Najim Laachraoui – que les policiers ne connaissent alors que sous leurs identités d'emprunt – ont coordonné les attaques à distance. D'autres, comme Khalid El Bakraoui, ont loué des appartements ayant servi de planques aux commandos.

Ce qui frappe dans la dynamique de cette cellule reconstituée sur les cendres de Verviers, c'est sa plasticité. Elle se joue autant des frontières que des rôles assignés. Tandis que les enquêteurs traquent les personnages secondaires des attentats de Paris – Mohamed Belkaid, Najim Laachraoui et Khalid El Bakraoui – , ces derniers mettent sur pied leur propre opération martyre.

Mohamed Belkaid a, lui, été tué quelques jours plus tôt lors d'une opération de police contre une planque du quartier de Forest. Salah Abdeslam et Sofiane Ayari, longtemps connu des enquêteurs sous l'identité d'emprunt de Mounir Ahmed Alaaj, sont parvenus à s'enfuir. Ils seront interpellés le 18 mars à

Molenbeek. Les enquêteurs soupçonnent que les trois hommes constituaient un troisième commando censé frapper Bruxelles le 22 mars.

Khalid Zerkani

«Khalid Zerkani, 42 ans, est le plus grand recruteur de candidats au djihad de Belgique", a tenu à rappeler dans son réquisitoire, le procureur fédéral Bernard Michel, lors du procès en appel de ce prédicateur de rue. "*Monsieur Zerkani a perverti toute une jeunesse du quartier de Molenbeek-Saint-Jean*", a ajouté le magistrat. Un radical qui a vanté les mérites du djihad sans jamais lui-même se rendre sur les champs de bataille.

Il aurait déclaré aux policiers: «*J'ai été envoyé en Belgique par Allah pour accomplir une mission particulière.*" Selon le magistrat, l'influence de Zerkani serait bien supérieure à celle de Fouad Belkacem, le leader de Sharia4Belgium, groupe islamiste radical ayant régulièrement défrayé la chronique, aujourd'hui en prison. On reproche à Zerkani d'avoir incité à partir pour la Syrie près d'une vingtaine de ses connaissances. Mais son nom revient également dans plusieurs autres dossiers. Ce sont ces candidats au départ vers la Syrie qui lui ont donné ce surnom de "Père Noël".

Fournissant logistique et contacts de passeurs, cet homme, né au Maroc et placé en détention provisoire depuis février 2014, aurait également aidé financièrement plusieurs djihadistes sur le départ en leur remettant des sommes d'argent provenant de divers vols qu'ils encourageaient ses disciples à commettre au préjudice "des mécréants".

Fatima Aberkan

Visage rond ceint dans un voile violet, mère de sept enfants, grand-mère, touchant une pension invalidité en raison de ses problèmes d'asthme, Fatima Aberkan, 55 ans, ne correspond pas vraiment à l'image d'une "égérie exaltée de l'idéologie djihadiste" telle qu'on peut se la représenter. Lors de l'audience, elle plaisante avec l'illustrateur judiciaire lui demandant de ne pas la caricaturer, distribue des bonbons et des mouchoirs en papiers à ses avocats. "Combien de fois avez-vous été mariée, quatre fois ?", lui demande le président. "Trois fois, ça suffit", lui répond-elle en souriant.

En 2013, Fatima Aberkan a rejoint la Syrie accompagnée de ses deux filles âgées de 14 et 16 ans. Deux de ses fils étaient déjà sur place, Yassine Lachiri et

Abdelmouneim Lachiri, émir d'un groupe de combattants franco-belges qui trouvera la mort en janvier 2014. Un troisième les rejoindra, Soufiane Alilou, considéré comme un des dirigeants de la filière Zerkani. "*Elle a le djihad dans la peau*", lancera à son propos le procureur fédéral.

Elle a beaucoup sacrifié pour cette cause, jusqu'à l'un de ses fils. Depuis des années, elle a contaminé son entourage avec ses idées nauséabondes et nocives."

En juillet 2015, reconnu comme étant le chef de file de cette filière d'acheminement de combattants, Khalid Zerkani avait été condamné à 12 ans de prison lors d'un procès fleuve au cours duquel 32 prévenus étaient poursuivis. Une grande partie d'entre eux, combattant en Syrie ou décédés, avait été condamnée par défaut. De son côté, Fatima Aberkan avait écopé d'une peine de huit ans de prison. Tous les deux avaient décidé de faire appel de la décision.

Mais depuis le 13 novembre, la filière Zerkani a pris une toute autre dimension. Deux des terroristes des attaques parisiennes évoluaient dans son orbite : Abdelhamid Abaaoud et Chakib Akrouh. Arrêté au Maroc dans le cadre de l'enquête sur les attentats, Gelel Attar fut l'un des lieutenants de Zerkani, qu'il hébergea à son domicile. C'est en compagnie de Chakib Akrouh qu'Attar gagnera la Syrie en janvier 2013 via la Turquie. Et c'est l'un des fils de Fatima Aberkan qui emmènera le kamikaze de Saint-Denis prendre son avion, ce jour-là. Mort en Syrie, un des frères de Mohamed Abrini, aujourd'hui activement recherché pour sa participation à la préparation des attentats, gravitait également autour de ce groupe islamiste.

Lors de procès, Khalid Zerkani, très prolixe, a bien tenté de nier les faits qui lui sont reprochés. S'exprimant avec l'aide d'une traductrice en arabe mais semblant très bien comprendre les remarques en français du président, il s'est présenté comme un simple croyant, sans lien avec l'idéologie djihadiste. "*Je suis une personne pacifiste*", a-t-il déclaré. Selon lui, sur les PV d'audition, figureraient des propos qu'il conteste avoir tenus.

Des dénégations qui semblent avoir laissé les magistrats perplexes. Dans son réquisitoire, le procureur fédéral a rappelé la genèse du dossier. Celui-ci débute en avril 2012 par une note de la Sûreté nationale : des personnalités proches de la mouvance radicale se réuniraient dans un appartement de Molenbeek. Lors de ces réunions, les protagonistes vomiraient la démocratie honnie, parleraient de djihad armé, se renseigneraient sur l'achat d'armes et d'explosifs. Des observations plus poussées sont alors menées.

Au cours des investigations, une figure attire l'attention des policiers : Khalid Zerkani. Un halo de mystère entoure ce personnage. Sans activité, sans revenu, vivant chez les uns et les autres, l'homme s'entoure d'un luxe de prudence et de discrétion : il communique en empruntant le téléphone de tiers et en langage codé, n'envoie jamais de SMS, semble avoir appris à déjouer les filatures. Plus tard, les policiers le soupçonneront d'avoir suivi une formation spéciale au Pakistan.

Abordant des jeunes à la sortie des mosquées ou dans la rue, Khalid Zerkani semble exercer une réelle emprise, un ascendant lié à l'âge, sur beaucoup d'entre eux, notamment les plus jeunes qu'il coupe petit à petit de leur environnement familial. Bernard Michel rappelait que sur certaines photos prises dans la rue, on retrouve le recruteur entouré d'une quinzaine de jeunes. Le procureur considère : «Il a joué un rôle dans la radicalisation et l'acheminement de ces jeunes en Syrie." "Chaque fois qu'il a été logé chez quelqu'un, le propriétaire est parti en Somalie ou en Syrie", notait le magistrat, preuve selon lui, de son influence. Un autre de ses "disciples" affirmera avoir été incité par Zerkani à commettre des vols quasi-quotidiens, notamment dans les valises des voyageurs de la Gare du Midi, pour financer la cause.

Selon le procureur, le recruteur serait un "acteur international" du djihadisme. Parmi ses contacts, les enquêteurs ont retrouvé le numéro de Seifallah Ben Hassine alias Abou Iyadh. Ce tunisien, ancien leader du Londonistan des années 90 parti ensuite combattre en Afghanistan, figurait parmi les très proches de Ben Laden. C'est lui qui aurait enrôler les kamikazes ayant assassiné le général Massoud. Fondateur du groupuscule islamiste Ansar al-Charia, Abou Iyadh aurait été tué en juin dernier. Les réseaux du recruteur étaient aussi actifs en Syrie. "A Alep, quand on venait de la part de Khalid Zerkani, les gens étaient moins méfiants", a témoigné un djihadiste lors de son retour en Belgique.

Selon Bernard Michel, l'intéressé avait également des liens avec Soufiane Amghar et Khalid Ben Larbi. De retour de Syrie, ces deux terroristes, très proches d'Abaaoud, seront tués à Verviers en janvier 2015 alors qu'ils s'apprêtaient à commettre des attentats en Belgique.

A la fin de son réquisitoire le concernant, le procureur a requis une peine de quinze ans d'emprisonnement, affirmant que l'homme était encore actif en prison, "criant "Allah Akbar" lorsqu'il passait dans les couloirs proches des cellules" et exhortant les détenus bientôt relâchés à rejoindre la Syrie. "*C'est la peine qui avait été demandée en première instance*", a réagi Me Steve Lambert, l'avocat de Zerkani. Lors de sa plaidoirie, jeudi 25 février, l'avocat tentera de convaincre les juges de déconnecter les faits jugés des attentats parisiens.

La tâche ne sera pas plus aisée pour l'avocat de Fatima Aberkan. Lors de son audition, celle-ci a tenté d'expliquer les raisons qui l'avaient poussée à faire appel de la décision de première instance. Se présentant comme une "bonne vivante", aimant "rigoler" et "recevoir chez elle", elle affirme avoir suivi ses enfants en Syrie par amour maternel et non par conviction : "On choisit ses amis, pas sa famille", dira-t-elle.

Mais le réquisitoire du procureur ne fut pas tendre à son égard. "Son rôle ne s'est pas limité à celui d'une mère aimante", a expliqué le magistrat. Elle a galvanisé ses proches et acheté des munitions".

Le magistrat a rappelé les liens anciens de l'intéressée avec deux figures de l'islamiste radical belge : Nizar Trabelsi, un ancien footballeur condamné pour terrorisme, et Malika El Aroud, veuve d'un des tueurs du général Massoud qui épousera en secondes noces le formateur militaire de Mohamed Merah, Moez Garsalloui, tué au Pakistan lors d'une frappe américaine. Sur des photos, Fatima Aberkan pose avec une arme à la main en compagnie de Malika El Aroud. En Syrie, elle s'occupait de la tambouille des combattants de l'unité emmenée par son *fils*. Mais elle aurait également appris à tirer. Bernard Michel a rappelé : Elle avait deux kalachnikovs et six grenades."

Le procureur a affirmé que Fatima Aberkan aurait récemment apporté de la littérature djihadiste en prison à son fils, Soufiane Alilou, détenu en Belgique, ce qu'elle nie. Une peine de 10 à 15 ans a été requise à son encontre.

Deux autres prévenus avaient fait appel : Naïma Aberkan, condamné à dix mois avec sursis pour avoir envoyé de l'argent à sa sœur en Syrie, Fatima Aberkan et ses neveux, mais aussi Maria Grillo, une italienne de naissance convertie à l'Islam, partie en Syrie avec son mari et sa famille en octobre 2013. Sur place, sa fille mineure, Habiba, sera mariée un mois après son arrivée avec un combattant algérien.

De retour en Belgique, Maria Grillo affirmera avoir rallié la Syrie sous la contrainte de son mari. En première instance, elle avait été condamnée à deux ans de prison. Une peine qui pourrait être alourdie. En janvier dernier, à deux semaines de son procès en appel, elle a été arrêtée avec ses filles et ses petites filles alors qu'elles s'apprêtaient à partir soi-disant pour un séjour d'une semaine à Antalya. Dans leurs bagages, les policiers avaient trouvé un sac de linge sale et des plaquettes contraceptives pour 17 mois. Elle avouera avoir voulu rejoindre de nouveau son mari en Syrie. Le procureur a requis une peine de trois ans à son égard.

Le Centre Islamique Belge

Tout avait commencé le 11 novembre 2008, alors que Bassam Ayachi et Raphaël Gendron étaient arrêtés dans le port de Bari, dans le sud italien. En cause : leur aide - revendiquée - à l'immigration clandestine (ils transportaient trois Palestiniens et deux Syriens en provenance de Grèce dans leur voiture).

Mais dès le mois de décembre, les Italiens ne cachaient plus leurs soupçons quant à des activités plus graves, liées au terrorisme. Et, à l'annonce que des arrestations s'étaient produites en Belgique le 11 de ce mois-là dans un milieu réputé proche du terrorisme (s'agissant entre autres de Malika El Aroud, veuve d'un assassin du commandant afghan Massoud, ensuite libérée comme les autres), Rome avait même laissé entendre qu'il pourrait y avoir un lien.)

Toujours est-il que les deux hommes sont vraiment bien connus en Belgique. Bassam Ayachi, qui n'a pas caché aux Italiens son admiration pour Mohamed Atta, le chef du commando responsable des attentats du 11 septembre 2001 aux Etats-Unis, a longtemps résidé à Molenbeek, dès le début des années 90. Où il avait dirigé le tristement célèbre "Centre islamique belge", un creuset de haine raciale et religieuse, en tout cas très radical. Il y avait fréquenté Abdessatar Dahmane, cet assassin déjà cité du commandant Massoud, et lui avait présenté sa future femme. Le CIB s'enorgueillissait aussi de pratiquer par centaines des mariages religieux, sans aucun égard pour les lois civiles. Une stratégie de recrutement, selon certains observateurs.

Raphaël Gendron est également connu à Bruxelles pour y avoir été condamné en appel, le 23 janvier 2009 (avec Abdel Rahman Ayachi, fils de Bassam), pour incitation à la haine raciale. Il s'agissait du procès dit "Assabyle", du nom du site Internet du CIB. Où se tenaient par exemple des propos qualifiant les juifs de "mécréants", de "corrompus", de "maudits" ou encore de "singes" et de "porcs". Et où on prônait à foison des valeurs anti-occidentales et sans respect aucun pour l'ordre démocratique.

Bassam Ayachi, en fait d'origine syrienne, et Raphaël Gendron auraient donc *"projeté et organisé des attentats terroristes et des actions de guérilla"*, selon les accusations formulées par les deux magistrats en charge du dossier, Roberto Rossi et Francesca Romana. La cellule que les deux hommes sont accusés d'avoir dirigée aurait entre autres fomenté des actions contre l'aéroport parisien de Roissy-Charles-de-Gaulle. Et, à même source, elle disposait pour ce faire "d'armes et notamment d'explosifs". Le duo serait donc clairement passé de son époque "simplement" radicale à une phase nettement plus dure. Et ce d'autant qu'il serait de surcroît question de la mise en place par les deux hommes d'un réseau ayant pour objectif d'enrôler et d'entraîner des personnes en vue d'actions, kamikazes ou non, en Irak et en Afghanistan.

Via cette structure, en 12 ans, une vingtaine de personnes partiront se battre. Certains ne reviendront jamais. D'autres ont été condamnés lors de procès terrorisme en 2008 et 2010 à Bruxelles. La propagande d'al Qaeda y était en évidence : vidéos extrémistes que les gestionnaires sous-titraient pour ceux qui ne connaissaient pas l'arabe. L'objectif était d'imprimer l'idée que l'islam était menacé partout dans le monde et qu'il fallait réagir. Par les armes. Des forums anonymes permettaient des échanges de messages discrets entre les recrues potentielles et leurs mentors.

Pour passer du virtuel au réel, les recrues transitaient par le CIB où, sous couvert d'activités religieuses et de cours d'arabe, les prêcheurs donnaient du poids aux arguments prônant le Djihad. C'était le rôle du Cheikh et d'un prévenu, Olivier Dassy, métis converti qui a fait un passage par les chasseurs ardennais. Grâce à cette expérience, il avait rédigé des manuels de combat.

Les recruteurs, des hommes charismatiques qui ont combattu, intervenaient alors. C'était le cas de Moez Garsallaoui, un Tunisien qui serait en Afghanistan où il aurait un rôle en vue dans al Qaeda. Ou d'Ali Tabich, aujourd'hui jugé à Bruxelles, qui avec un autre Bruxellois qui y est mort, a combattu en Irak en 2005 et 2006 : ce qui lui donnait une grande aura.

Venaient alors les candidats au départ : des hommes influençables, comme deux des autres prévenus, Samer Azouagh - qui gagnera la Syrie mais n'ira pas plus loin - et Abdelfettah Tabich. Ou encore un homme, qui s'est présenté en 2008 au CIB, comme un ancien militaire, rompu aux armes mais écarté de l'armée car soi-disant brûlé sur tout le visage et qui devait dès lors porter un masque lui cachant les traits. Un ancien catholique tenté par l'islam, très mal dans sa peau, malléable. Apparemment la recrue rêvée sauf qu'il s'agissait d'un policier des Unités spéciales, en mission d'infiltration, dont le rôle contribuera à démanteler le réseau.

Le Centre islamique belge (CIB), qui avait eu son siège à Molenbeek et Anderlecht, a été, sous ses différentes déclinaisons, le véritable terreau où s'est nourri l'islamisme radical lié à al Qaeda en Belgique.

Les derniers animateurs du CIB qui, géraient les principaux sites Internet francophones de propagande, d'endoctrinement et de recrutement pour al Qaeda ont été condamnés à des peines allant jusqu'à huit ans de prison. Les précédentes têtes pensantes du CIB étaient déjà derrière les barreaux, comme le cheikh Bassam Ayachi. Ce prédicateur franco-syrien, qui s'était installé en Belgique en 1992, est ainsi détenu depuis 2008 en Italie avec son bras droit, le converti Raphaël Gendron.

Le flambeau du CIB avait été repris par le fils du cheikh, Abdel Rahman Ayachi - en fuite en Syrie - et Ali Tabich. Ils ont été condamnés à huit ans de prison, auxquelles il faut ajouter trois ans pour le second. Ali Tabich a été reconnu coupable d'une peu glorieuse tentative de vol de la recette d'un café que convoyait un serveur. Aujourd'hui, le CIB semble bel et bien mort.

Montasser AlDe'emeh

Il y a quelque temps, AlDe'emeh a reçu un garçon de son quartier, fermement décidé à partir en Syrie. Il hésitait à se joindre au Front Al-Nosra ou à l'État islamique. *"J'essaie de dialoguer avec eux, d'écouter leurs arguments. J'ai réussi à persuader certains de l'utilité de leur présence en Belgique, mais à présent ce garçon se bat en Syrie"*.

Il se dit frustré par le manque complet d'organisation de la communauté musulmane belge. *"C'est une honte qu'après cinquante ans les imams ne parlent toujours pas néerlandais ou français, parce qu'on doit encore les importer du Maroc ou de l'Arabie saoudite. Il est carrément scandaleux que les autorités n'imposent pas d'exigences linguistiques aux imams. On ne peut pas s'attendre à ce qu'un imam qui ne parle pas la langue, s'occupe de l'engagement social des jeunes. Cela relève de la responsabilité de tous. Non seulement de la communauté musulmane, mais aussi de l'état"*.

"Cette situation illustre le manque de reconnaissance des musulmans dans notre pays" estime AlDe'emeh. *"Beaucoup de Belges ne tiennent toujours pas compte du fait que 600.000 musulmans vivent en Belgique. Nous sommes tout au plus tolérés, mais pas reconnus. Je trouve grossier d'être toléré. "*

"Ce manque d'organisation et de reconnaissance a produit une génération de musulmans qui connaissent très peu l'Islam et qui se prennent pour Dieu sur Terre. Je trouve que beaucoup de musulmans se comportent de manière

ingrate. Ils s'insurgent contre l'Occident, comme si tout le monde était raciste. Ils ne voient pas les chances que leurs parents ont reçu ici. Le racisme est un grand problème en Belgique, mais je trouve qu'il faut également tenter de comprendre les racistes. Personne ne naît raciste".

Selon lui, la politique de dé-radicalisation des autorités belges ne sert à rien. *"Vous pouvez rédiger mille projets, si l'initiative ne vient pas de la communauté musulmane, le problème ne sera jamais résolu. Il faut d'ailleurs veiller à ce que ces projets ne radicalisent pas encore davantage les jeunes. L'état sous-estime le désir d'activisme politique auprès des jeunes musulmans. Si ces jeunes s'étaient sentis représentés dans la société, ils n'auraient pas rejoint Sharia4Belgium"*.

AlDe'emeh partage cette désillusion politique. *"Je suis content de ne pas avoir voté aux élections. Il n'y avait aucun parti qui me représentait. Pour qui dois-je encore voter ? Les socialistes ont totalement gâché leur politique d'intégration de ces vingt dernières années. Ils ont utilisé les musulmans comme bétail électoral, mais entre-temps ils ont voté l'interdiction du voile. Je préfère un N-VA conséquent à un socialiste inconséquent"*.

Les «Services» de l'Etat

Dans cette multitude d'accusations, des individus, des systèmes d'information, des départements, voire des rivalités entre services sont pointés du doigt, à des degrés divers, et ont du mal à réagir sous le poids de la pression publique et médiatique. Au niveau politique, trop de partis se renvoient la balle en se rejetant les responsabilités de ministre en ministre et de gouvernement en gouvernement

Même si des chaînes de décision sont clairement à revoir, des systèmes d'échange d'informations à redessiner et des fautes individuelles à identifier, l'objectif est de montrer que la principale faillite est celle d'une idéologie : la course au "toujours moins d'Etat" qui veut que la force publique intervienne le moins possible dans les différents aspects de notre vie en société.

Au niveau belge, il est intéressant de regarder de plus près l'évolution des moyens mis à disposition depuis une dizaine d'années, en particulier dans les départements qui sont actuellement dans l'oeil du cyclone. En ce qui concerne l'ensemble de la police, entre janvier 2010 et janvier 2016, plus de 10.000 équivalents temps plein ont été perdus et il manque aujourd'hui structurellement 4.000 policiers pour remplir le "cadre normal" de fonctionnement, sur un total d'environ 40.000 personnes. Du côté de services de renseignement, le patron de la Sûreté de l'État lançait en janvier 2015 un cri d'alarme en réclamant le recrutement de 120 collaborateurs en 3 ans, car il estimait que les "économies avaient produit un lourd tribut " et que son département était devenu "un petit service défensif" en comparaison avec ses homologues étrangers. Suite aux attentats de Paris, il est vrai que cette tendance s'est inversée et que les recrutements sont timidement repartis à la hausse, mais comment expliquer qu'il ait fallu attendre de telles horreurs pour réagir ?

Durant les auditions de la commission Terrorisme, mise sur pied en novembre dernier à la Chambre, les mêmes constats étaient unanimement repris par les juges d'instruction, les avocats généraux, les procureurs ou les directeurs de police judiciaire interrogés : la dénonciation de leurs difficiles conditions de travail, dans des structures obsolètes, et leur appel à recevoir davantage de moyens, en particulier humains. Ces experts de terrain mettaient donc clairement les députés devant leurs responsabilités de désinvestissement public chronique et, pour la plupart, nous expliquaient que de nouvelles législations ne représentaient qu'un palliatif aux manques de financement dont ils souffraient. Le débat sur la prolongation de la durée de garde à vue en est un exemple parmi d'autres.

Les terroristes de Daech veulent imposer leur vision du monde : la haine mutuelle, la division de tous contre tous, la militarisation et de nouvelles guerres.

Des questions que fâchent

•Le terroriste kamikaze Ibrahim El Bakraoui a bénéficié d'une libération anticipée sous conditions en octobre 2014. Mais lorsqu'en juin 2015, il ne s'est pas présenté à son rendez-vous avec l'assistant de justice, il n'a pas été immédiatement recherché. Pourquoi pas ? Pourquoi sa liberté conditionnelle ne lui a-t-elle été retirée qu'en août 2015 ?

•Quelles conditions ont-elles été mises pour la libération anticipée d'Ibrahim El Bakraoui ?

•Une interdiction de quitter le territoire a-t-elle été décrétée à l'encontre d'Ibrahim El Bakraoui? Si non, pourquoi pas? Si oui, son passeport a-t-il été remis aux services de police ?

•A-t-il été question d'une surveillance effective à l'encontre d'Ibrahim El Bakraoui, ou bien l'accompagnement se limitait-il à un rendez-vous mensuel avec l'assistant de justice ?

•Quel est le nombre moyen de dossiers que doit suivre un assistant de justice à Bruxelles ? Et en quoi consiste un tel contrôle ?

•Quelles sont les conséquences de la politique d'austérité sur les institutions judiciaires concernant les possibilités des assistants de justice pour suivre les libérations conditionnelles ?

•Après une première absence d'El Bakraoui puis une deuxième, l'assistant judiciaire a réagi assez vite en informant le parquet. C'était, sauf erreur, en mai. Pourquoi le parquet n'a-t-il pas alors fait une demande de recherche ? Pourquoi Ibrahim El Bakraoui n'a-t-il pas alors été signalé au plan national et au plan international ?

•En août, la libération conditionnelle a été supprimée par le tribunal d'application des peines. Le juge n'était toutefois pas au courant que la Turquie avait expulsé Ibrahim El Bakraoui vers les Pays-Bas et que, donc, il n'était peut-être pas dans le pays. Le magistrat du parquet était-il informé que l'inculpé s'état rendu en Turquie et en Syrie ? Si oui, pourquoi le magistrat du parquet n'a-t-il pas communiqué cela lors de l'audience ? Si non, comment cela se fait-il ? Le parquet fédéral était-il au courant ?

•Nos autorités prennent-elles en compte le fait que c'est par la ville de Gaziantep, en Turquie, à la frontière syrienne, que passent de nombreux jeunes radicalisés pour aller combattre en Syrie ? Et que c'est aussi via Gaziantep qu'ils reviennent en Turquie pour retourner en Europe ?

•Si oui, pourquoi n'a-t-on pas alors envoyé un agent supplémentaire en Turquie pour surveiller expressément ce retour de combattants djihadistes vers la Belgique ? Pourquoi a-t-on donné cette mission supplémentaire au seul officier de liaison belge en plus de ses autres tâches ? Quels moyens supplémentaires ont-ils été mis à la disposition de l'officier de liaison ?

•Il y a neuf mois, le 26 juin 2015, l'officier de liaison belge en Turquie a été informé qu'Ibrahim El Bakraoui, qui a fui la Belgique, avait été arrêté à Gaziantep. Le 29 juin, l'officier de liaison informe la police judiciaire fédérale, service Terrorisme (DJSCO/Terro). Comment le service central Terro à Bruxelles a-t-il réagi à cette information ? La mention de Gaziantep n'a-t-elle pas mis en alerte ?

•Comment se fait-il que la police fédérale ne prenne pas les choses en main, mais se contente de renvoyer la balle à l'officier de liaison en lui demandant les raisons pour lesquelles El Bakraoui a été appréhendé ? Pourquoi la police fédérale n'a-t-elle pas agi de manière plus proactive et suivi l'affaire, puisqu'El Bakraoui était connu des services de notre pays en tant que criminel, qu'il avait été arrêté à Gaziantep, ville de transit des combattants djihadistes ?

•Est-il exact que ce n'est que cinq mois plus tard, le 9 décembre dernier, que le service central a transmis un rapport secret sur El Bakraoui aux autres services, comme la Sûreté de l'État, les unités spéciales et la DR3 (la section spéciale antiterroriste de la police judiciaire fédérale de Bruxelles) ? Cela faisait déjà près de 4 semaines que cette dernière enquêtait sur les attentats de Paris et sur le réseau terroriste dont faisait partie El Bakraoui.

• L'officier de liaison était-il en vacances après le 26 juin ? Si oui, a-t-il été remplacé ? Si non, pourquoi pas ? N'était-il pas depuis un certain temps nécessaire de renforcer notre présence à notre ambassade en Turquie, pays où sont entre-temps passés 800 candidats belges au djihad ? Pourquoi cela n'a-t-il pas été fait ?

• L'accord avec la Turquie stipule-t-il que la Belgique peut interroger des (potentiels) combattants en Syrie qui ont été arrêtés ? Si oui, pourquoi ne l'a-t-on pas fait ? Si non, pourquoi l'accord ne comporte-t-il pas une telle clausule ?

• Comment se fait-il que la somme des informations disponibles, c'est-à-dire : banditisme armé avec violence + kalachnikovs + combattant de retour de Syrie, n'a pas déclenché la sonnette d'alarme pour indiquer qu'il s'agissait d'une personne extrêmement dangereuse ? D'autant plus qu'Ibrahim El Bakraoui était à ce moment en libération conditionnelle - dont il avait enfreint les conditions - après quelques années de prison ?

• Quand les autorités belges ont-elles été informées que la Turquie avait expulsé El Bakraoui via un vol vers les Pays-Bas ? Quelles sont les actions qui ont alors été entreprises ? Est-il exact que les autorités belges n'ont agi qu'un jour après l'arrivée d'El Bakraoui aux Pays-Bas, et que celui-ci avait donc déjà disparu ?

• Pourquoi le ministre de la Sécurité et de l'Intérieur Jan Jambon (N-VA) assume-t-il publiquement la responsabilité principale pour un dysfonctionnement d'"une seule personne" (sic), c'est-à-dire l'officier de liaison, sans répondre aux cruciales questions préalables ? Pourquoi une seule personne est-elle mise au pilori dans les médias, alors que toutes les questions structurelles sont éludées sous couverture de l'enquête en cours ?

• comment se fait-il que notre gouvernement sous-estime gravement depuis près d'une demi-année la problématique des djihadistes qui reviennent de Syrie ? Y a-t-il un lien avec le fait que l'on a laissé des jeunes partir en Syrie en fermant les yeux ?

• Combien d'autres informations ont-elles été transmises par la Turquie sur des possibles combattants en Syrie arrêtés à la frontière ? Qu'a-t-on fait de ces informations ?

•Y a-t-il des contacts et des échanges d'informations entre les services de sécurité turcs et belges ? Y a-t-il également des contacts entre les différents services de la sécurité de l'État concernant les combattants en Syrie et la lutte contre le terrorisme djihadiste ? Que fait-on de leurs informations ? Y a-t-il échange d'information avec la police judiciaire ?

•Si l'information sur Ibrahim El Bakraoui a été transmise au parquet fédéral, pourquoi n'a-t-on pas ouvert d'enquête pénale sur cet homme ? Encore une fois, il s'agit d'un criminel, qui avait été condamné par le tribunal à dix ans de prison.

•Pourquoi l'entrée sur le territoire et la sortie de celui-ci dans l'intention de commettre des actes terroristes ne sont-elles devenues punissables qu'en juillet 2015 ?

•Pourtant (et heureusement), plusieurs personnes ont été condamnées avant cette modification de la loi. Elles ont été condamnées (à juste titre) pour participation à des activités d'une organisation terroriste en tentant de se rendre en Syrie ou en Tchétchénie. Pourquoi le parquet fédéral n'a-t-il pas alors fait ouvrir une enquête pénale par un juge d'instruction à l'encontre d'Ibrahim El Bakraoui ? Pourquoi n'a-t-on pas alors désigné de juge d'instruction pour cette affaire ?

•Un juge d'instruction a la possibilité d'émettre un mandat d'arrêt international. Pourquoi ce mandat n'a-t-il pas immédiatement été transmis aux Turcs de manière à ce qu'ils livrent Ibrahim El Bakraoui à la Belgique, au lieu de simplement l'expulser vers les Pays-Bas ?

•Pourquoi une enquête n'est-elle pas ouverte et un mandat d'arrêt international délivré à l'encontre de toute personne trouvée ou arrêtée à la frontière turco-syrienne ?

•En octobre dernier, un autre rapport du Comité P mettait en garde contre le fait que le service central n'avait qu'une seule personne, et en plus à mi-temps, pour pister la radicalisation sur les réseaux sociaux. Est-il exact que la Sûreté de l'État ne disposait jusqu'il y a peu que d'une seule personne en service maîtrisant la langue arabe ? Si oui, comment cela se fait-il ?

D'où vient l'argent de Daech ?

L'EI a quasiment assuré son autofinancement, grâce à la contrebande de pétrole, au racket des commerçants, au versement des rançons payées pour la libération d'otages occidentaux, sans oublier les taxes perçues au passage des camions. En outre, malgré des sanctions et le contrôle des institutions financières par la coalition internationale, Daech garde la main sur plusieurs banques publiques et privées. À Mossoul par exemple, l'organisation a pris le contrôle d'une succursale de la Banque centrale d'Irak, empochant au passage 425 millions de dollars cash. Les transactions, elles, se font de la main à la main avec un réseau de «bureaux de change».

Le territoire de Daech s'étend sur les plus grandes réserves de pétrole au monde. Les derniers chiffres font état d'un revenu d'1,5 million de dollars par jour. Or, cela ne représente seulement qu'un quart des revenus de l'organisation terroriste.

En ce qui concerne sa revente, la liste des potentiels acheteurs reste opaque. «Des Etats ou de grandes sociétés ne s'amusent pas - et n'ont pas intérêt - à acheter du pétrole à des groupes comme Daech. Il parvient à en vendre au sein de ses terres, y compris à ses opposants en Syrie. Le groupe terroriste, pourtant sous embargo, parvient également à en exporter, les frontières avec la Syrie et l'Irak étant poreuses, surtout la frontière avec la Turquie, au nord de la Syrie.

Mais il n'est pas impossible que celui-ci circule en Europe. D'abord parce que maquiller l'origine du pétrole est faisable (en mélangeant du pétrole de Daech à du pétrole «officiel»), ensuite parce que nous achetons l'or noir à des pays suspects, frontaliers à l'Irak et la Syrie. À ce sujet, la Turquie, où le prix du pétrole est élevé (le baril de pétrole est facturé seulement 15 dollars par Daech) et le Kurdistan sont pointés du doigt.

Selon les chiffres environ 60% des recettes de l'État islamique proviennent ainsi en 2015 des ressources naturelles exploitées sur le territoire (dont seulement 24% pour le pétrole), tandis que près de 40% (contre 16% en 2014) sont d'origines criminelles.

Les recettes tirées du pétrole devraient atteindre environ 600 millions de dollars en 2015. Elles ont fortement diminué depuis les précédentes estimations datant d'octobre 2014 (plus d'un milliard de dollars de recettes). D'abord parce que les prix du pétrole se sont effondrés en 2015: alors que le pétrole s'échangeait en 2014 autour de 100 dollars le baril, il se traite actuellement à moins de 50 dollars. Alors que l'État islamique bradait son pétrole autour de 25 dollars le baril, il ne le vend plus qu'à 15 dollars environ désormais pour une production d'environ 35.000 à 40.000 barils par jour. Ensuite parce que la coalition occidentale a mené environ 10.000 frappes aériennes contre Daech depuis août 2014, ciblant particulièrement les raffineries, les oléoducs, et les camions de transport.

Pour compenser la baisse des recettes en ressources naturelles, l'Etat islamique a considérablement augmenté ses activités crapuleuses. Les extorsions représentent désormais le plus gros poste de recettes pour Daech, qui taxe tout: taxe sur tous les biens de consommation, taxe sur les télécoms, taxe sur les retraits d'argent, une taxe de 5% sur tous les salaires pour la soi-disant «protection sociale», un «péage» de 200 dollars sur la route du Nord de l'Irak, un droit de passage de 800 dollars exigés pour tous les camions qui se déplacent sur les routes en provenance ou à destination de la Jordanie, l'Iran, le Kurdistan et la Turquie. Sans oublier la taxe sur les pillages des sites archéologiques (de 20%), la taxe de «protection» pour les non-musulmans, appelée «Jizya», qui laissent les Chrétiens d'Orient, les Yazidis et les Irakiens chiites sans le sou. Sans doute se développera prochainement une «taxe sur la protection» aux entreprises, comme cela a été le cas pendant de nombreuses années en Colombie avec les Farc.

Daech pratique également une taxe, de 50%, sur les revenus des fonctionnaires - ils sont encore 50.000, qui reçoivent 250 millions d'euros - qui travaillent dans les zones contrôlées. Or, c'est toujours le régime de Bagdad que les paie.

Outre les extorsions, les confiscations rapportent gros. Il s'agit pour Daech de s'approprier tout ce que les habitants qui ont fui ont laissé derrière eux (leurs maisons, leurs meubles, leur terrain), ou ceux qui ont outre-passé les règles établies par Daech.

Daech est également impliqué dans le trafic de cigarettes, de drogue, dans la contrefaçon, dans les faux papiers. Daech a capté le marché illicite du Captagon, cette drogue synthétique - déjà présente bien avant l'État islamique - qui est une sorte d'amphétamine, et qui dope les capacités et brise les barrières de la peur. Daech s'est également implanté au cœur des trafics d'armes dans la région.

Daech pratique également l'esclavage sexuel. Un site d'informations irakien a publié une grille de tarifs de vente des yazidies et des chrétiennes capturées: une enfant âgée de moins de 10 ans «vaut» 200.000 dinars (138 euros); une jeune femme de moins de 20 ans 100.000 dinars (104 euros); une trentenaire 75.000 dinars (52 euros); une quadragénaire 50.000 dinars (35 euros). L'État islamique est enfin accusé de trafic d'organes d'êtres humains par un médecin de Mossoul, menés sur les cadavres tombés sur son territoire, les prisonniers, les otages exécutés, et ses propres soldats. Daech contrôle plus de 4000 sites archéologiques et trafique jusqu'en Europe, particulièrement vers l'Allemagne qui compte beaucoup de Syriens.

Malgré les sanctions et le contrôle des institutions financières par la coalition internationale, Daech a réussi à mettre la main sur le secteur financier. En juin 2014, quand Daech a pris Mossoul, la deuxième ville d'Irak, le groupe terroriste a pris le contrôle de plusieurs banques privées et publiques, dont la succursale de la Banque centrale d'Irak. Ils ont alors volé l'équivalent de 425 millions de dollars de cash, d'après le gouverneur de la province de Nineveh.

Côté syrien aussi, le système bancaire est sous le contrôle des terroristes. «L'État islamique contrôle 140 succursales bancaires. La plupart sont fermées, mais sur celles qui sont en activité, environ 10 à 20%, ne font pas de transactions internationales. Ce sont des banques de dépôt. Avec l'embargo, Daech a mis en place un réseau de «bureaux de change» où les transactions s'effectuent de la main à la main.

Aujourd'hui, Daech est une entité financièrement autonome, contrairement à al-Qaida dont les ressources financières dépendaient quasi-exclusivement de donateurs. L'organisation dispose ainsi d'un patrimoine de 2260 milliards de dollars et d'un budget estimé pour 2015 à 2,5 milliards d'euros.

De quoi mener des actions militaires, armer, nourrir et payer les quelque 30.000 combattants environ 300 dollars par mois, verser des pensions aux familles des militants tués, entretenir les bases militaires, administrer les territoires nouvellement occupés, réaliser des clips de propagandes à la manière de Hollywood, «rééduquer» les enseignants avant de rouvrir les écoles, et embaucher des ingénieurs et des traders pour faire tourner leurs sites pétroliers et gaziers. Mais pas encore de quoi mettre en place un système économique «normal», avec des services publics et une protection sociale. Pourtant, Daech ne s'en cache pas, il s'agit d'un objectif.

Guide d'urgence

Quel est l'état d'esprit des dirigeants de Daech ?

Pourquoi faire exploser un avion de ligne russe et contester une nation puissante pour vous détruire ainsi? Pourquoi assassiner des civils innocents à Paris et perdre un soutien mondial pour votre cause, quelle qu'elle soit? Pourquoi décapiter un citoyen chinois et donc ajouter une nation de plus à la liste de vos ennemis mortels? Pourquoi menacer d'attaques imminentes contre les Etats-Unis, la nation la plus puissante du monde? Pourquoi infiltrer les réfugiés fuyant la terreur afin de contrarier les pays d'accueil contre eux?

Pour répondre à ces questions, il faut comprendre la mentalité de l'État islamique: à savoir, sa conviction que le chaos, la peur et le chaos amènera la fin des jours. Pour eux, cela est Armageddon, la dernière bataille contre les infidèles de différents coins du monde. En ce sens, leur objectif va bien au-delà d'al-Qaïda et Oussama ben Laden, qui voulait juste une guerre limitée visant à libérer les nations musulmanes de hégémonie impérialiste. I

Ses dirigeants ont une vision plus large et une conception stratégique plus globale. Leur état d'esprit peut se résumer assez crûment: "Vous voulez un affrontement avec l'Islam, nous allons vous donner un affrontement avec l'islam." En effet, leur idéologie et les actions nihilistes sont basés sur une série de telles illusions - que l'Islam est une religion de conquête plutôt que la paix; que ceux qui meurent, se battre pour l'amour de Dieu et l'Islam, sont des martyrs destinés à vivre parmi les prophètes dans le ciel; que les chrétiens et les juifs ont perdu la faveur de Dieu; que ses ennemis infidèles sont des lâches; et que ses cadres sont illimitées en nombre et de portée mondiale. Peut-être le plus important, Daech estime qu'il représente le «bon» dans cette «bataille finale entre le bien et le mal», et qu'il sera victorieux malgré tout...

Et les Etats du Golfe?

Au cours de la dernière année, l'Arabie saoudite a subi une succession mortelle de attaques de grande envergure liés à Daech. En juin, le Koweït a été victime d'un attentat suicide à une mosquée chiite - son pire attentat terroriste depuis des décennies. Et Bahreïn a récemment annoncé son premier procès de sympathisants présumés de Daech pour avoir planifié des attentats sur l'île. De profondes inquiétudes au sujet ont conduit des politiques visant à décourager les liens entre les citoyens du Golfe et des résidents étrangers, d'une part, et les membres de Daech en Syrie et l'Irak sur l'autre.

Le financement et la livraison d'armes à Daech, le voyage à l'étranger pour se battre avec Daech, et la fourniture d'autres types de soutien sont interdit dans la plupart des Etats du Golfe. En Arabie saoudite, les financiers de Daech, serait-être des combattants, ont été parmi les milliers de personnes détenues par les autorités au cours des dernières années. La plupart des Etats du Golfe n'ont pas pris de mesures sérieuses pour freiner le dogme extrémiste sur lequel Daech nourrit et grandit. Ils continuent à tolérer la idéologie haineuse dans leurs mosquées, les écoles, et / ou les médias. Oman et les Émirats arabes unis ont eu des exceptions relatives à cet égard.

Que font les alliés de la France en Afrique du Nord ?

Parmi les nations qui attendent avec impatience des précisions sur la réponse de la France pour les attentats de Paris sont le Maroc et la Tunisie, ses plus proches alliés en Afrique du Nord. Immigrés nord-africains et leurs descendants français forment la majeure partie de la communauté musulmane française. Abdelhamid Abaaoud, le cerveau présumé du complot, était un Belge d'origine marocaine dont le père a récemment déménagé de retour au Maroc. Les Renseignements marocains auraient aidé les Français dans la traque d'Abaaoud et ses complices. Et trois jours après les attentats, la police turque a annoncé qu'elle avait arrêté huit Marocains qui avaient voyagé à Istanbul de Casablanca. Pendant ce temps, les autorités marocaines perturbent régulièrement les cellules terroristes qui préparent des attaques.

Pour sa part, la Tunisie est en deuil de la perte de deux de ses propres qui étaient parmi les victimes à Paris. Le petit pays a gagné la malheureuse distinction d'être le plus grand exportateur de combattants étrangers en Irak à la Syrie et au cours des quatre dernières années - au moins 3000 jusqu'à présent. Ces derniers jours, les autorités tunisiennes ont arrêté dix-sept militants islamistes pour avoir planifié des attaques contre des touristes et de la sécurité des endroits à Sousse, le site de la plage du massacre de cet été de trente-huit touristes par un membre autoproclamé de Daech. Comme les attaquants de Paris, certains des comploteurs tunisiens arrêtés le 16 Novembre avaient voyagé en Syrie pour leur formation.

En outre, la France reste le plus grand partenaire commercial, la plus importante source d'investissements étrangers, et une source importante des envois de fonds pour le Maroc et la Tunisie. La Tunisie a un intérêt particulièrement marqué en voir la France à prospérer compte tenu de ses propres luttes pour compléter une transition démocratique, reconstruire son économie, et de repousser les menaces à la sécurité régionale.

Pourquoi la Turquie ne freine pas le flux des réfugiés syriens?

Avant les attentats de Paris, la Turquie était en pourparlers avec l'UE pour endiguer le flux des réfugiés syriens. Il peut aussi accepter de devenir un pays "de réadmission", permettant à l'UE de transférer des Syriens qui sont entrés dans le continent illégalement vers des destinations sûres en Turquie. En retour, Bruxelles peut donner, (quoique progressivement) à la demande de longue date d'Ankara, la levée des restrictions sur les visas pour les citoyens turcs qui voyagent en Europe.

Pour sa part, Ankara permettra d'améliorer sa coopération avec les capitales de l'UE pour empêcher le retour de combattants étrangers de Syrie vers l'Europe. À plus long terme, Ankara mettra à son profit son pouvoir de négociation avec Bruxelles pour relancer ses négociations d'adhésion à l'UE. La France a déjà indiqué que elle va lever ses objections sur cinq des trente-cinq «chapitres» dans ce processus.

Pourquoi Daech a pu établir et maintenir le contrôle dans l'est de la Syrie ?

Facteurs militaires mis à part, la situation sociale, démographique et économique qui prévaut dans la partie orientale du pays ont fait mûre pour une prise de contrôle par Daech. La capitale choisi, Raqqa, est tout simplement le pire des capitales provinciales de la Syrie en termes de développement humain.

Raqqa compte actuellement environ 300 000 habitants (dont 80.000 réfugiés), comparativement à 15 000 en 1960. Les deux tiers de la population vivent dans les banlieues informelles. Ce sont les populations rurales qui ont été chassés vers la ville par la pauvreté et la croissance rapide de la population dans la campagne. Raqqa a le taux de fécondité le plus élevé en Syrie: huit enfants par femme. Il est également la province la plus rurale et agricole, avec une majorité de la main-d'œuvre dans les secteurs agricoles et miniers. Son niveau moyen d'éducation est le plus bas dans le pays; un tiers des femmes sont analphabètes, et les mariages précoces sont encore la norme. En outre, Raqqa vivait déjà dans certaines des règles de la charia avant même l'invasion de Daech.

Quels sont les moyens militaires de Daech ?
Et la bombe atomique ?

Il est difficile d'évaluer précisément quelles armes sont en leur possession. Depuis la prise de l'aéroport syrien de Taqba, le renseignement allemand affirme que l'EI dispose de systèmes portables de défense anti-aérienne. On sait aussi que la DGSE a récupéré des échantillons d'ypérite (gaz moutarde) sur les lieux d'affrontement en Syrie et en Irak. L'hypothèse d'une fabrication locale est privilégiée. Daech est également soupçonné d'avoir récupéré ces armes chimiques dans les stocks de Saddam Hussein, ou à l'armée syrienne.

Une partie des armes utilisées par Daech ont été fabriquées dans 21 pays différents, dont les États-Unis, selon un rapport du Conflict Armament Research cité par le Huffington Post. Plus de 80% des munitions (prélevées sur l'échantillon du rapport), proviennent de l'ex-URSS, des États-Unis, de la Russie ou de la Serbie. Ces dernières auraient été prises principalement aux Syriens, tant rebelles que membres de l'armée du régime. Cette dernière jouit d'ailleurs d'un approvisionnement russe toujours renouvelé. La France, elle, aurait pu indirectement participer au stock d'armes de Daech. Dans un entretien au Monde en août 2014, François Hollande avait pour la première fois confirmé que la France avait soutenu «la rébellion syrienne démocratique» en lui livrant des armes.

Certes Daech annonce qu'il va acheter la bombe atomique au Pakistan, pays détenteur de l'arme nucléaire. Cela a toujours été une crainte que ce pays, au comportement parfois imprévisible, ne fournisse à un tiers une arme atomique. Mais il s'agissait du transfert à un autre État et l'on pense immédiatement à l'Arabie saoudite (cette hypothèse n'est pas à exclure si l'Iran se dotait d'une force nucléaire opérationnelle). Quant à en donner une à un groupe terroriste, cela reste exclu car les premières victimes pourraient être les autorités pakistanaises elles-mêmes.

Il reste le vol d'une arme par un mouvement hostile au pouvoir en place. Il faut savoir que les installations nucléaires pakistanaises sont extrêmement protégées, et surtout, les armes stockées ne sont pas assemblées sauf au sein des unités d'alerte qui, elles, sont inviolables. Mais là également, ces armes ne peuvent être activées sur ordre politique (et code) venant du plus haut niveau.

Affirmer que le mouvement va acquérir une arme nucléaire est aussi valorisant pour les sympathisants à «la cause» qui y voient une démonstration de puissance et un pied de nez fait aux sociétés occidentales honnies. Le maniement d'une arme nucléaire n'est pas une chose aisée. Tout d'abord, il faut pouvoir déclencher l'explosion et celle-ci est toujours verrouillée par des codes et manipulations techniques compliqués.

Sur le plan balistique, Daech a bien exhibé un missile Scud à Raqqa en juin 2014. Cet engin aurait été récupéré par l'ASL sur une base militaire syrienne conquise dans la région de Der ez-Zor en septembre 2013 et ensuite revendu à l'EI. Mais de l'avis des observateurs, ce missile est totalement hors d'usage. D'autres missiles du même type ont peut-être été récupérés en Irak. Mais cela ne retire pas le fait qu'ils sont compliqués à mettre en œuvre par des amateurs et surtout, il faut «adapter» la tête nucléaire sur le vecteur. Si la tête ne correspond pas à ce type de missile, c'est impossible.

La solution la plus probable est que l'arme soit transformée en «bombe sale», c'est-à-dire qu'il n'y aura pas d'explosion nucléaire mais que des matières radioactives pourraient être disséminées dans un rayon assez faible d'une détonation classique. Cela peut être aussi réalisé avec des matières radioactives civiles que l'on trouve dans les laboratoires et dans les hôpitaux. La charge explosive est composée d'explosifs classiques. Cette hypothèse est prise en compte par les autorités mais n'est pas considérée comme une menace de premier plan. Les documents saisis à Abbottabad dans le repaire de Ben Laden montrent que ce dernier n'a jamais envisagé ce type d'action par incapacité technique. Il ne faut pas attribuer aux mouvements terroristes plus de puissance qu'ils n'en ont -sans pour autant les sous-estimer-.

La prolifération d'armes RNBC (radiologiques, nucléaires, bactériologiques et chimiques) est une menace prise en compte depuis des années par les autorités. Elles font tout pour l'empêcher mais aussi pour gérer un éventuel emploi de ces armes par des terroristes (gestion de la situation, mise en place de chaines de décontamination, traitement des blessés, etc.). Cela ne change donc rien à ce qui existe déjà.